自然災害から人々を守る活動

監修

東京大学大学院情報学環
特任教授
片田敏孝

1

地震災害

廣済堂あかつき

自然災害から人々を守る活動 1 地震災害

目次

➡8ページ

➡12ページ

➡16ページ

➡20ページ

➡24ページ

この本の使い方

1 地震災害について学ぶ

➡4〜7ページ

●過去にどこで、どんな地震災害が起こっているかわかる。
●地震が起こるしくみがわかる。
●地震がどんな災害を引き起こすかわかる。

2 災害から人々を守る活動を知る

➡8〜27ページ

●災害が発生したとき、市区町村を中心に、どのようにさまざまな機関が協力するのかわかる。
●市区町村、自治会・町内会、企業、ボランティアが行っている災害から人々を守る活動がわかる。
●小学生が防災活動に取り組むようすがわかる。

3 防災活動をやってみる

➡28〜33ページ、ワークシート

●「ふだんからできる地震災害への備え」と「地震が起こったときにできること・行うこと」がわかる。
●自助、共助、公助のちがいがわかる。
●「防災活動ワークシート」の使い方がわかる。
●災害に備える備蓄品がわかる。

➡4〜5ページ

➡6〜7ページ

➡8〜9ページ

➡24〜25ページ

➡32〜33ページ

➡ワークシート

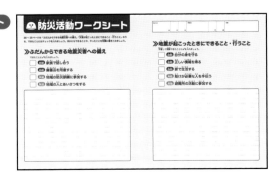

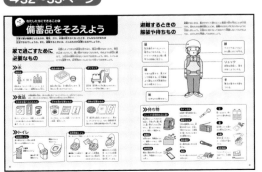

地震災害の歴史

地震は季節や昼夜を問わず、発生します。日本の長い歴史のなかでも地震はくり返し発生し、大きな災害につながってきました。過去に日本で起こったおもな大地震と、それにともなう災害を見てみましょう。

阪神・淡路大震災 | 1995年1月17日

- 最大震度7、マグニチュード7.3（震源地：兵庫県）
- 死者6434人 ●行方不明者3人
- こわれた住宅63万9686棟

寝ている人も多い朝5時46分に兵庫県南部地震が発生。関西地方に大きな被害をもたらしました。こわれた家や家具の下敷きになったり、発生した火災にまきこまれたりして、多くの人が亡くなりました。道路や線路もこわれ、水道、電気、ガスが停止し、生活に大きな被害が出ました。

東日本大震災 | 2011年3月11日

- 最大震度7、マグニチュード9.0（震源地：宮城県沖）
- 死者1万9689人 ●行方不明者2563人
- こわれた住宅115万3043棟 ※2019年3月1日時点

金曜日の午後2時46分、小学生が下校するころに太平洋の海底を震源とする東北地方太平洋沖地震が発生。その後、東北・関東地方の太平洋沿岸地域に大きな津波がおそいかかり、まちが流され、多くの人が命を落としました。

熊本地震 | 2016年4月14日、16日

- 最大震度7、マグニチュード7.3（震源地：熊本県）
- 死者273人 ●こわれた住宅20万6886棟 ※2019年4月12日時点

2016年、熊本県では、4月14日夜9時26分の地震に続き、16日の深夜1時25分にも震度7のゆれを観測しました。阿蘇大橋がくずれおち、熊本城や阿蘇神社も大きな被害を受けました。18万人以上が避難生活を強いられました。

日本で起こった大きな地震

日本の地震の記録は西暦416年にさかのぼり、その後の書物にもたびたび地震のことが書かれていて、大昔から地震があったことがわかります。日本は世界のなかでももっとも地震の多い場所のひとつです。明治時代以降に日本で起こったおもな大きな地震は次のとおりです。

1993年7月12日 北海道南西沖地震
震度5　死者202人、行方不明者28人

1894年10月22日 庄内地震
震度5　死者726人

2018年9月6日
北海道胆振東部地震
震度7　死者43人

2007年7月16日 新潟県中越沖地震
震度6強　死者15人

1983年5月26日 日本海中部地震
震度5　死者104人

1896年8月31日 陸羽地震
震度5　死者209人

2007年3月25日
能登半島地震
震度6強　死者ひとり

2004年10月23日
新潟県中越地震
震度7 死者68人

2008年6月14日
岩手・宮城内陸地震
震度6強　死者17人、
行方不明者6人

1948年6月28日
福井地震
震度6　死者3769人

1896年6月15日 明治三陸地震
震度2〜3　死者2万1959人

1927年3月7日 北丹後地震
震度6　死者2912人

1933年3月3日
昭和三陸地震　震度5
死者・行方不明者3064人

1925年5月23日 北但馬地震
震度6　死者428人

2011年4月7日
宮城県沖地震
震度6強　死者4人

2011年3月11日
東北地方太平洋沖地震
（東日本大震災）
震度7　死者1万9689人、
行方不明者2563人

1943年9月10日 鳥取地震
震度6　死者1083人

1872年3月14日
浜田地震
震度不明
死者555人

2011年3月12日 長野県北部地震
震度6強　死者3人

2016年4月14日、16日
熊本地震
震度7　死者273人

1945年1月13日 三河地震
震度5　死者1961人

1923年9月1日 関東地震（関東大震災）
震度6　死者・行方不明者10万5000人あまり

1930年11月26日 北伊豆地震
震度6　死者272人

1995年1月17日
兵庫県南部地震（阪神・淡路大震災）
震度7　死者6434人、行方不明者3人

1946年12月21日 南海地震
震度5　死者・行方不明者1443人

1944年12月7日 東南海地震
震度6　死者・行方不明者1183人

1891年10月28日 濃尾地震
震度6　死者7273人

※ 1868（明治元）年以降2000年までに100人以上の死者・行方不明者を出した地震および、2000年以降震度6強以上で死者が出た地震の一部をまとめています。地震の名称につく発生年は省略しています。

5

地震が引き起こす災害

地震の発生には地球の表面をおおう「プレート」という厚い岩の板の働きが大きく関わっています。日本は、太平洋プレート、フィリピン海プレート、北米プレート、ユーラシアプレートに取り囲まれているため、大きな地震が起こるのです。

地震が起こるしくみ

日本で起こる地震は大きく分けて2種類あります。ひとつはプレートの境目で起こる地震、もうひとつは断層が動いて起こる地震です。ほかに、火山の噴火が引き起こす地震もあります。

プレートの境目で起こる地震

地球の表面は、プレートとよばれる、厚い岩の板でできている。プレートは何枚かに分かれていて、1年間に数センチのゆっくりしたスピードで動いている。

陸のプレート
ひずみがたまる
ひきずりこまれる
しずみこむ
海のプレート

海のプレートが、陸のプレートの下にしずみこみ、陸のプレートをひきずりこんでいく。

津波の発生
陸のプレート
元にもどろうとしてプレートがはね上がる
海のプレート

ひきずりこまれた陸のプレートは、元の形にもどろうとものすごい力ではね返る。その瞬間、地震が発生する。

断層がずれて起こる地震

海のプレートが少しずつ動いているために、陸のプレートでは地面が押されたり、引っぱられたりしている。地面を押す力や引っぱる力がたまると、地面がわれてしまう。

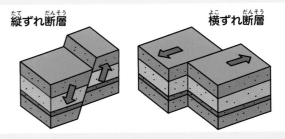

縦ずれ断層
横ずれ断層

地面は上下に割れたり、左右に割れたりする。こうして地面が割れたときに地震が起こる。割れて地面がずれたところを「断層」という。

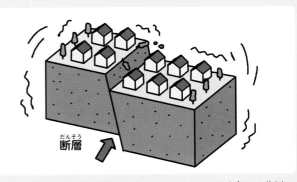

断層

断層はほかの地面より弱いので、さらにずれが生じて地震が起こりやすくなる。将来もずれが起こりそうな断層を活断層といい、日本には2000もの活断層があると考えられている。

地震がもたらす被害

地震で地面が大きくゆれると、建物や山がこわれたり、くずれたりといった被害が出ます。災害に備えることで人的被害を小さくできることがあります。

地震発生（一次災害）

建物、道路、橋などがこわれる、くずれる

地震対策をしていない建物、古いまま修理をしていない道路や橋が地震のゆれによってこわれることがある。

地すべりが起こる

広い範囲の斜面が下の方向にすべり落ちる現象で、そこに家や木などがあれば、地面ごといっしょに動く。

土石流・がけくずれが起こる

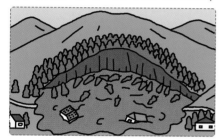

急な斜面で土砂が一気に流れ落ちることを土石流、斜面がくずれ落ちることをがけくずれという。

液状化が起こる

地震で強くゆれたことにより、地面が液体のようになる現象。水を多くふくんだ砂の地盤で起こる。

一次災害をきっかけに起こる二次災害

たおれた家具や落下物でけがをする

人がゆれによってたおれた家具や建物の下じきになったり、われた窓ガラスでけがをしたりといった被害がある。

電気・ガス・水道が使えなくなる

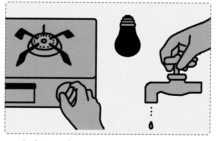

木が電線にたおれて電気が止まる、液状化によりガス管や水道管がこわれてガスや水道が使えなくなる。

道路や電車が利用できなくなる

道路や橋がこわれて自動車が通行できなくなる。また、線路や橋、電線がこわれて電車が動かなくなる。

火災が起こる

ストーブに物が落ちたり、停電から復旧したときに傷ついたコードに電気が流れたりして、火が出てしまい、火災になる。

静岡市役所

静岡県静岡市では、南海トラフ地震という大きな地震が発生することを想定して、1976年から防災活動に力を入れています。地震が起きたとき、市役所の人はどんな仕事をするのでしょうか。

情報班

葵区の北部で土砂くずれがあり、通行できません。

わかりました。土砂を取りのぞくよう、要請します。

場所
静岡県
静岡市
静岡市役所

オフロードバイク隊員が集めた災害の情報を、情報班の職員に伝える訓練のようす。

📱 災害時の動きを確認する訓練

静岡市役所では毎年、総合防災訓練を行います。職員のほかに消防、警察、病院、自衛隊など約5000人が参加し、担当地域の被害状況を確認して市役所に報告したり、救援の手配をしたりと、協力して訓練にあたります。実際に動いてみることで、ひとりひとりが役割を確認し、問題に気づくことができます。また、災害時にも冷静に対応できるようになります。市役所の防災訓練は、住民の命を守るための大切な活動です。

キーワード

南海トラフ地震

静岡県から九州までの海底には、「南海トラフ」という長さ700キロメートル、水深4000メートルにも達する大きくて深い溝がある。海側のプレートが陸側のプレートに沈み込んでできたと考えられていて、そこを震源とする地震が過去に何度も発生している。そのため、今後、大地震が起こる可能性があると考えられている。

市役所と協力する さまざまな関係機関

市役所は国や県、消防、警察、病院、自衛隊などの関係機関や、ガスや電気の会社、地元の企業などとも連絡をとりあって住民の救助や支援を進めていきます。住民は地域で協力しあい、自分たちの身を守ります。

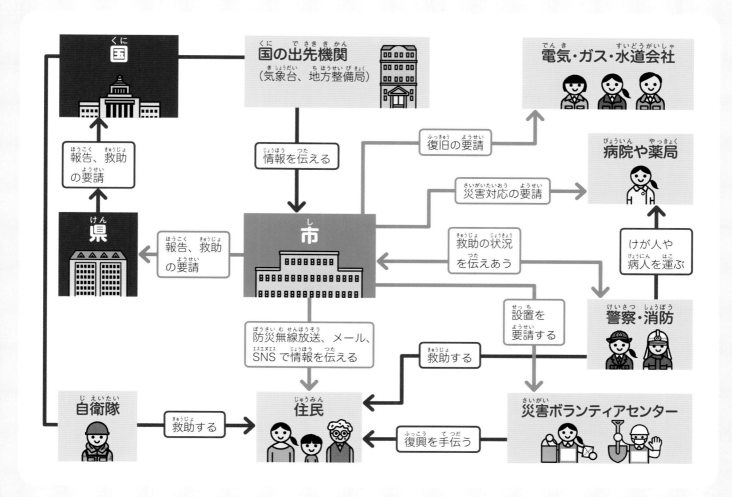

災害時に住民を守る 中心になる

市役所では、過去に起こった地震や津波などの被害状況を分析して、その結果をもとに防災計画を立てています。災害が起こった場合には災害対策本部をつくり、正確な情報を収集しながら、市長の指示を受けて対応にあたります。職員はそれぞれが担当する仕事を進めながら、国の機関、県、消防や警察、自治会、ボランティアなど、さまざまな人や組織と協力して、住民の命と暮らしを守るのです。

災害対策本部の訓練のようす。災害対策本部は、関係機関からの情報を市長に報告して、指示を受ける。

市役所と自治会が協力して防災に取り組む

静岡市役所の防災をになう職員は、小学校の学区ごとに担当が割り当てられます。災害のときに避難所の設置などの活動をするのは、それぞれの地区の自治会の人々です。職員は自治会の活動をサポートします。

市内には、防災倉庫が設置されている小学校が数多くあり、倉庫の中には災害時に必要なトイレやテントなどの資材が入っています。避難所となる小学校には最低限の備蓄食料がありますが、避難する人々が各自で持ち込むことを基本としています。

自治会では毎年、市の防災計画にもとづいて防災訓練を行うなど地域ぐるみで防災活動に取り組んでいます。

市役所の職員は担当する地区が決められており、災害時には自宅から、または市役所から、自分が担当する地区に向かい、支援活動を行う。

防災倉庫の中には発電機、浄水器、リヤカー、仮設トイレ、テントなどのほか、懐中電灯やメガホン、救急セットなども保管されている。

自治会の人が準備する非常用の箱。文具、ガムテープ、軍手など、避難所で必要なものが入っている。ほかに、地区の人たちの名簿や地図もある。

災害時の市役所の人の服装

災害が起こると職員はこのスタイルに着がえて活動します。頭を守るヘルメット、動きやすいユニフォーム、底にすべり止めのついた安全靴。どれも危険な状況で身体を守ってくれる機能がついています。年に３、４回の訓練で着る機会があり、職員は「着ると身が引き締まる」と言います。

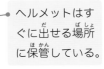

用具を多く入れることができ、取り出しやすいポケット。

ヘルメットはすぐに出せる場所に保管している。

市役所名、担当部署、名前入りなので市役所の人だとすぐにわかる。

長そでで、長ズボンで身体を守る。

かたいものに当ったときのためにつま先が補強されている。

住民に情報を伝える防災無線

災害時には防災無線を使って、さまざまな情報を住民に伝えます。気象警報や避難情報など、防災無線は正確な情報をすばやく知らせる役割があります。

ふだんの生活でも防災無線は利用されています。たとえば、ある地域で住民が行方不明になった場合は、防災無線でその地域に呼びかけます。すると、住民が探してくれるので、無事に見つかることが多いそうです。地域の協力が大きな役割を果たします。

市内635か所のスピーカーから防災無線の放送が流れる。地域を限定して流すこともできる。

被災地に急行するオフロードバイク隊

静岡市の防災の大きな特徴のひとつは、オフロードバイク隊があることです。自動車が通れないような荒れた道や、せまい道でもオフロードバイクなら進むことができるので、情報の収集にたいへん役に立つのです。

このオフロードバイク隊は、阪神・淡路大震災をきっかけにつくられました。隊員は36名で、独自の訓練のほか自衛隊と合同で訓練を行っています。

東日本大震災では実際に被災地に出向き、津波の被害状況を調査して報告をした。

静岡市役所総務局
危機管理総室 危機管理課
北川裕之さんのお話

≫ふだんから信頼関係をつくっておく

地震は突然やってきますから、全員が災害に備える決意をもつことが大切です。そして、いざというときには、まわりの人と協力することがとても重要です。ひとりの力ではできないことでも、たくさんの人の力が集まれば可能になるからです。

そのためにも、市役所ではふだんから関係機関と直接顔を合わせて連絡を取り合い、信頼関係をつくっています。

みなさんは、災害が起こったら、まず自分の身の安全を守りましょう。家族とはなれていた場合は、連絡をとって無事を伝えてください。

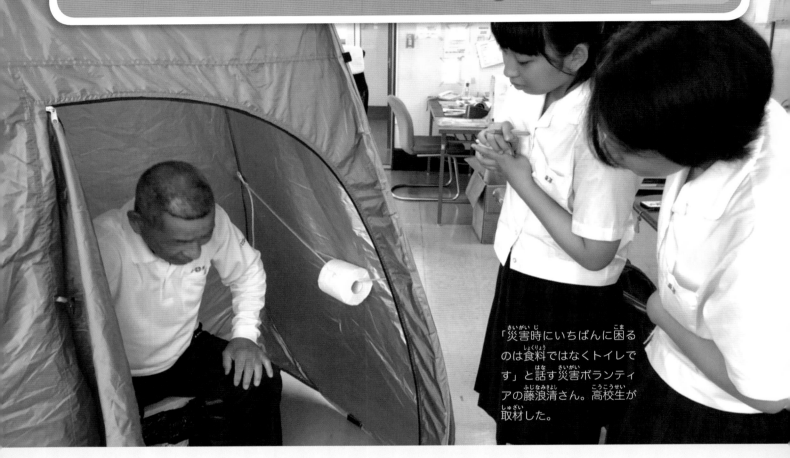

TeamBuddy

チームバディーは、静岡新聞社・静岡放送（SBS）が企画した、県民、行政や企業がチームになって地域の防災活動に取り組むプロジェクトです。さて、どのような活動をしているのでしょうか。

「災害時にいちばんに困るのは食料ではなくトイレです」と話す災害ボランティアの藤浪清さん。高校生が取材した。

チームバディーの取り組み

チームバディーは 2016 年にスタートし、新聞、テレビ、ラジオ、WEB サイトでの防災情報の発信のほか、イベントやアプリ作製などの取り組みをしています。「防災意識が高い」と言われる静岡県ですが、静岡新聞社・SBS で防災対策について調査をしたところ、「意識はあっても準備していない人が多い」という結果が出ました。そこで、どうしたら災害に備える大切さを伝えられるかをチームバディーで考え、さまざまな形で発信しています。

チームバディーは、災害時用の食品を使ったレシピを紹介する、防災の専門家に話を聞くなどの活動も行っている。

文化のちがいを理解する

チームバディーでは、地元に住む若者に防災で活躍してもらおうと静岡新聞で「高校生防災特集」を企画し、取材を高校生にまかせました。グループごとに気になるテーマに取り組み、活発に話し合いを重ねます。その内容はチームバディーのWEBサイトでも公開しています。あるグループは県の国際交流協会を訪問しました。ブラジルやベトナムの人は、「避難所※1の物資を分けるときに"ご自由にお持ちください"と書くだけでは説明不足。"ひとり〇個まで"と示してほしい」と言います。ほかの人に残しておく日本人の考えかたは、外国人には理解しづらいのです。

国際交流協会の人に話を聞く高校生。県内の外国人はブラジル、フィリピン、中国、ベトナムの順に多い。避難場所※2を示す看板の意味がわからない人がいることも知った。

国際交流で防災力向上へ

あるネパール人の家庭を訪問したところ、備蓄されていたのは水だけでした。防災に関心があっても、言葉の問題で防災情報が得られず、被災したときの生活が想像できなかったのが原因です。しかし、取材後には非常食とトイレットペーパーを追加で備えたそうです。このことから、直接説明すれば効果があるとわかりました。

これらの取材から防災情報の伝え方を、受け取り手に合わせ、工夫することが大切だと感じました。

高校生がネパール人の家庭をたずね、話を聞いた。外国から来た人々は、日本の防災のしくみがわからず、不安を感じていることがわかった。

国際交流協会のイベントでネパール人の活動に参加し、防災について発表しました。自分たちが間に入って、困っている外国人の助けになりたいです。
静岡県立清水西高校3年生
望月恵利名さん

「防災訓練」を体験したことのない在日外国人もいます。バケツリレー&バーベキューというイベントで、防災への興味や関心を高めている地域もありました。
静岡県立清水西高校3年生
望月野乃子さん

日本語が理解できない人のために、SNSを使って、さまざまな言語で情報を発信すれば、正しい情報が伝わると思いました。
静岡県立清水西高校3年生
遠藤海さん

※1 避難所：災害により自宅で生活できない人が避難する公共施設。
※2 避難場所：市区町村が定めた一時的に避難する公園や広場のこと。

アプリについての聞き取り調査

チームバディーでは「バディーアプリ」を開発、無料配信しています。アプリは、スマートフォン（スマホ）で現在地を確認すると、その場所で想定される地震被害の内容と近くの避難場所の位置をピクトグラムで表示します。ピクトグラムとは、言葉を使わなくても情報や注意すべきことを伝えられる絵記号です。高校生のグループが高齢者に聞き取り調査を行いました。高齢者はピクトグラムを知らず、そもそもスマホを持っていませんでした。スマホを持つ高校生が地域にいて、高齢者を誘導することが防災力の向上につながるとわかりました。

高齢者に聞き取り調査する高校生。高齢者が知らなかったピクトグラムの意味は「避難所兼緊急避難場所」だった。

バディーアプリの画面。

高齢者に「若い人が熱心でありがたい」と声をかけられました。高校生が防災について理解し、話をすることが地域の備えになると感じました。
静岡県立静岡商業高校3年生
武田有華さん

だれもが見てわかるように、ピクトグラムの意味を学ぶ機会が必要です。また、高校生は高齢者とスマホの「通訳」になれると思いました。
静岡県立駿河総合高校3年生
有馬郁奈さん

取材をして、不安を抱えて暮らす人が多いことを知りました。地域の人たちのアンテナとして役立つ情報をわかりやすく伝えたいです。
静岡県立駿河総合高校3年生
増田圭太さん

※高校生防災特集の取材には、ほかに静岡県立裾野高校、静岡県立浜松商業高校、私立静岡女子高校の生徒が参加した。

イベントで防災意識を高める

静岡市葵区の駿府城公園で開かれた夏祭りに合わせて「バディーキャンプ」という防災のイベントを開きました。高校生がボランティアとして参加し、災害時用の食品を使った料理体験の補助や災害救助犬の活動資金のための募金活動をしました。参加した高校生からは「イベントに参加して防災の意識が高まった」という声がありました。「高校生防災特集」を担当した生徒のなかには、防災を学べる学校に進学した人もいます。

おそろいの帽子で活動すると、チームの一体感が感じられた。

災害時の食料の備えを自分で用意

災害に備えて食料を用意するときに、何がよいのかわからないという人のために作られたのが「バディーボックス」です。災害時にお皿を使わずにそのまま食べられて栄養のバランスを考えた食品が定期的に配送されます。さらに賞味期限が近づくとお知らせが届くしくみになっています。

食べ慣れているものを備蓄し、食べたら買い足して一定の量を保存する「ローリングストック」を習慣にするとよい。

防災を明るく伝えるデザインの力

「防災」はかた苦しいイメージをもたれがちです。チームバディーでは、どうしたら県民に防災の備えについて広められるかを考えました。そこで見せ方や伝え方を工夫しようと力を入れたのがデザインです。

グラフィック戦略部の望月彩加さんが考案したロゴマークはキャンディのようにカラフルで明るく、親しみやすい雰囲気。「おもしろそう」「楽しそう」と感じるような色や形を組み合わせたアイデアが防災を広める大きな力になったのです。

望月さんがロゴや帽子など、チームバディーのデザインをすべて担当した。

チームバディー事務局・広報担当
静岡新聞社・静岡放送
大林寛さんのお話

≫命守る備えを学び、実行しよう!

災害時は、体力がある若者に活躍してもらわなければなりません。そこで防災に興味をもつ高校生に、彼らの目線で取材をしてもらったのがチームバディーの「高校生防災特集」です。

体の小さな小学生でもできることはたくさんあります。できれば、災害にあった人の話を聞く機会をもちましょう。実際に会えなくても、新聞やテレビ、ラジオなどで紹介されることがあります。「こうしておけばよかった」「○○があればよかったのに」という話から、自分にとって必要な備えをしっかり学び、実行してください。

チームバディーWEBサイト　https://www.teambuddy.jp

※学校名・学年、肩書きは2019年12月現在のものです。

FM-Hi!
エフエム　ハイ

災害時の情報収集に役立つのがラジオです。静岡市にあるコミュニティFMのFM-Hi！（シティエフエム静岡）では、ふだんから防災について、役に立つ情報を届けています。

FM-Hi！の放送スタジオ。左がディレクター、右がアナウンサー。

ラジオの役割

　災害が起き、停電が発生すると、テレビは見られず、携帯電話を充電することもできません。その点、乾電池も使えるラジオなら、周波数を合わせれば電波を受信して聞くことができます。また、ハンドルを回して充電できる「手回しラジオ」も販売されています。災害が起こったとき、地域の被害状況や、家族や友人の安否情報、ライフラインについての情報など、正確な最新の情報を伝えるのがラジオの役割です。

キーワード

コミュニティFM

　市区町村など、限定された範囲で流れるラジオ放送。放送エリアが限定される分、その地域に密着した情報を流すことができる。

　ふだんは音楽番組などを放送しているが、防災や災害に関する放送では、役所や企業と連携して正確な情報をすばやく伝える。

🔊 ラジオ放送で 防災を呼びかける

　FM-Hi！では、ふだんから防災への理解を深める番組をつくっています。台風に備えて何をしておけばよいか、災害時にはどんなものが必要か、地震のときはどこへにげるのか、避難準備・高齢者等避難開始、避難勧告、避難指示のちがいなどを３分の番組で伝えます。毎月１回、緊急情報防災ラジオを使った試験放送を行い、Ｊアラート※が入るかどうかを確認します。

スタッフが集まり、防災番組について打ち合わせをしている。災害のときに流す内容や、非常時の機器の操作も確認する。

ある日の防災コーナーの放送内容

FM-Hi！のパーソナリティの高田梨加さん。防災情報を届ける。

今日は「家具の転倒防止、寝室編」をお送りします。寝ているときに地震が起こり、家具が自分の上にたおれてきたら、命を落としてしまうことがあります。家具は動かないように固定しましょう。窓ガラスに飛散防止フィルムは貼ってありますか？タンスの上に物をおいていませんか？ふだんから気をつけて生活しましょう。

🔊 市役所とつながるコミュニティFM

　市役所とFM-Hi！はふだんから連絡をとりあって情報交換をしています。また、月に１回、市役所内にあるFM-Hi！スタジオと本社スタジオを結んで放送します。

番組では、市役所の人が防災についての話をします。住民に防災に対する意識を忘れず、正しい知識をもってもらうことを目指しています。

市の防災訓練はいつですか？

FM-Hi！のスタジオから高田さんが呼びかけ、防災にかんする質問をする。

12月○日です。ぜひご参加ください。

静岡市役所のスタジオでは危機管理課の片山達男さんが呼びかけにこたえる。

※Ｊアラート：「全国瞬時警報システム」のこと。地震や津波などの緊急事態に、国から国民に直接、速やかに情報を知らせる。

🚨 災害時の放送のしくみとはたらき

いざ、地震や津波などの災害が起こった場合は、ただちに、通常放送から災害時緊急放送に切りかえます。市役所から避難情報などを流すよう依頼が来たら、緊急情報防災ラジオを起動します。起動信号発生器の「開始」ボタンを押すことで、ただちに通常放送から緊急放送に切りかわります。災害放送本部を設置して、地震直後は静岡市からの避難情報や被害情報などを正確にすばやく放送します。対応するのは現場にいるメンバーです。ラジオ局の人は自分や家族の安全を確保したら、すみやかにラジオ局へ行き対応します。アナウンサーはラジオを

聞いている人が不安を感じないよう、冷静に話すことを心がけます。リスナーから情報を集めた場合、未確認の情報は流さないようにします。

緊急放送を流すときは、「開始」のボタンを押す。ふだんから放送に慣れているアナウンサーも押すときは緊張するそうだ。

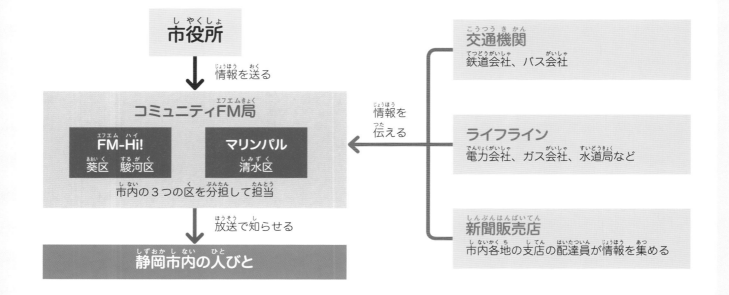

市役所

↓ 情報を送る

コミュニティFM局

FM-Hi!	マリンパル
葵区 駿河区	清水区

市内の３つの区を分担して担当

↓ 放送で知らせる

静岡市内の人びと

交通機関
鉄道会社、バス会社

← 情報を伝える

ライフライン
電力会社、ガス会社、水道局など

新聞販売店
市内各地の支店の配達員が情報を集める

🚨 災害時に役立つ情報を発信し続ける

緊急放送が終わったあとは通常放送に戻り、防災情報の発信を続けます。災害発生から半日以上たつと、避難所や食料の供給場所、給水所などの情報を知らせます。同時に、道路や鉄道などの交通機関、電気・ガス・水道・電話、医療関係などのライフラインにかかわる企業から情報を集めます。また、新聞の販売店に協力してもらい、各地の新聞配達員からの情報も収集します。集まった情報は整理して放送で伝えます。１週間が過ぎるとゴミや仮設住宅などの情報が必要になります。

静岡市緊急情報 防災ラジオ

災害が発生した場合、静岡市の同報無線（防災無線）や、ラジオ放送などで防災情報が伝えられます。このラジオは電源が入っていないときでも自動で電源が入り、地震、津波、気象警報や避難情報などを放送します。もし他局の番組を聞いていても防災情報が割り込み放送されるので、大切な情報をもらさず聞くことができます。また無線放送などに比べ、聞こえやすく、停電時でも乾電池で使用することができます。

静岡市とコミュニティ FM 2 社が共同開発したラジオ。

街かど 安心安全ラジオ

防災・防犯ラジオがついた自動販売機「街かど安心安全ラジオ」です。災害が発生すると、コミュニティ FM からの防災・防犯情報をスピーカーから流して、街を歩く人々に警報や避難指示などの情報を知らせます。駅前や商店街など、人通りの多い道に設置すれば多くの人に伝えられますし、通学路で不審者などの防犯情報を放送すると、近隣住民が子どもを守りやすくなります。

「飲む防災®」「飲む防犯®」が合言葉。

シティエフエム静岡 業務部長
営業・編成制作担当
永田朋徳さんのお話

≫ふだんからラジオに親しんで

FM-Hi！は静岡市の近くでしか受信できませんが、その分みなさんと情報を共有して、生活に密着した内容を流すことができます。

あるリスナーから「停電中の真っ暗な中で、ラジオを聞くと安心した」と言われました。ラジオは情報を伝えるだけではなく、人の気持ちやぬくもりを届ける役割もあります。

災害時、特に停電のときには、ラジオが役立ちます。

家族で楽しめる番組もありますので、ぜひふだんからラジオを聞く習慣をつけておいてください。

人々を守る活動4

西豊田学区地域 支え合い実行委員会

災害時、障がい者はどんなことに困るでしょうか。静岡市駿河区の西豊田学区地域支え合い実行委員会は毎年、障がい者などの要配慮者も参加して避難所生活を体験する宿泊防災訓練を行っています。

身体障がい者、知的障がい者など、いろいろな障がいのある人たちが避難訓練に参加する。

災害時の障がい者の困りごとを知る

障がい者のなかには、災害が起こっても自力でにげることが難しい人、避難が必要であることが理解できない人などがいます。避難所での生活も障がい者用のトイレがない、他人といっしょに寝るのが難しいなどさまざまな問題が考えられます。そういった人たちが「宿泊防災訓練」で、地域の避難所に実際に行ってみることで、どんなことが不便なのか感じることができ、まわりの人たちもいっしょに考えることができます。

キーワード

要配慮者

災害対策基本法という法律で示されている「災害のときに特別な配慮が必要となる人」のこと。障がいのある人や介護が必要な高齢者、おなかに赤ちゃんのいる妊婦、乳幼児、日本語がわからない外国の人などがふくまれる。要配慮者の困りごとを受け入れ側でどのように対応すればよいのか、日ごろからの備えと対応が重要となる。

避難所の受付も訓練

大災害が発生すると、避難所には住民が一度にたくさんやってきます。今回の避難訓練の会場となった豊田中学校の体育館には186人が集まり、そのうち35人が要配慮者でした。

参加者は避難所に入るとまず受付で名前や住所などを言います。別にもうけられた要配慮者の受付では、障がいの種類や状態、どんな助けが必要かも伝えます。

地域の子どもたちなど186名が集まり、受付は大いそがし。

要配慮者の受付には福祉の専門家がつく。

参加者が協力して避難所づくり

避難所づくりは参加者が行います。実行委員会のメンバーは、運営本部のほか、情報班、食料班、保健・衛生班などの班長となり、参加者をとりまとめながら活動します。要配慮者班は、障がい者や高齢者にくわしい専門家が担当し、ひとりひとりの相談に対応しました。

宿泊は、個人の事情に応じて体育館や屋外のテント、車に分かれます。発達障がいの人は、集団生活が難しい場合もあるので、たくさんの人がいる体育館よりテントや車のほうが眠りやすいこともあります。

班長が集まって会議を開き、情報を伝えあったり、指示を出したりする。

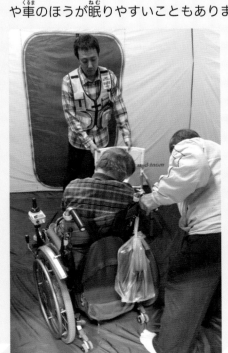

要配慮者も避難所で過ごせるように設置した場所を「福祉スペース」という。避難所では、障がいのある人がトイレを使えるようにすることは大きな課題。

「福祉スペース」に中学生が力を合わせてつくった段ボールのベッド。重度障がいの人の寝る場所となり、喜ばれた。

災害のときにできる支援

避難所の宿泊では、人の足音やいびきなどでよく眠れなかった人も多かったようです。翌朝はラジオ体操をして、ねむい目をさましました。

2日目の活動のひとつが要配慮者安否確認訓練です。災害のとき、避難所に行かない人たちもいます。しかし、家で困っていても、だれにも気づかれないことがあるので、各家を訪問して状況をたずねます。参加者はグループをつくり、要配慮者の家へ行って話を聞きました。

障がい者や負傷者などの移動を助ける移送器具の講座も開かれ、車いすの補助具や簡易たんかで人を運ぶ体験が行われました。

中学生が中心となって行った防災マップづくりでは、まず学校のまわりを歩きます。危険なところや消火器の場所などを確認し、その後、情報をもちよって地図に書きこみました。いっしょに参加した大人のほうが「中学生に地域の情報を教えてもらえた」と感心していました。

要配慮者安否確認訓練

要配慮者の安否確認。「来てくれて安心した」「困っていることを聞くことができた」と、訓練によっておたがいを知ることができた。

移送器具の講座

車いすの車輪の近くに棒状の器具を取りつけて引っぱると、移動が楽になる。

ナイロン製の簡易たんかで人を運ぶ訓練。バランスをとるのが難しい。

防災マップづくり

市役所の職員が防災マップづくりを指導。

消火器が設置されている場所を確認中。

防災マップづくりを通して地域を知る。

体験することが大事

重症心身障がい児のお母さんの杉本尚美さんは、避難所内での車いすの移動、おむつの交換などが大変だったそうです。そんなとき、声をかけてもらったり、手伝ってもらったりして安心したとのこと。

地域住民の小川修二さんは「要配慮者のことを知ることができた。町内の訓練にも車いすの方などに参加してもらいたい」と感想を寄せました。多くの参加者から「体験してよかった」という声がありました。体育館で生活するつらさやトイレの不便さに気づいた人もいました。

「使用中」と看板を出した仮設トイレ。目の不自由な人には仮設トイレが使用中かどうか、わかりにくいため。

障がい者への支援をもっと広げる

実行委員会の人たちは「実際の避難生活は大変だけど、訓練は楽しい雰囲気で行おう」と考えています。できるだけ多くの人に体験してほしいからです。

宿泊防災訓練には、自分たちのまちでも同じような訓練をしたいと考えている市外の人たちの参加もありました。災害が起きたときの障がい者など要配慮者の支援活動の輪は広がっています。

訓練を今後に生かし、参加できなかった人に良かったことや課題を伝えるためのシンポジウム（討論会）も開かれている。

西豊田学区地域
支え合い実行委員会
静岡県立大学短期大学部
社会福祉学科准教授
江原勝幸さんのお話

≫ 障がいのある人と話そう

宿泊防災訓練に参加した視覚障がいの人が言いました。「学生さんが缶を開けてくれたときは、ちょっと悲しかった」。学生の助けたいという気持ちはありがたいのですが、自分でできることはやりたいということです。障がいの種類や重さは人それぞれ。助けてほしいこともちがいます。障がいのある人を「弱者」ではなく「ちょっと助けが必要な人」と思ってください。災害のときに、急に障がいのある人を助けようとしても、難しいものです。ふだんから障がいのある人と接する機会を増やし、自然に「何かお手伝いできることはありますか」と聞けるようになってもらえたらと思います。

竜南小学校

静岡市立竜南小学校は静岡市葵区にあり、自然体験教室などの体験から学ぶことを大切にしています。災害に備えた訓練や学習にも力を入れているほか、地域の防災訓練も小学校で行われています。

地震を想定した避難訓練のようす。教室にいた人は、防災頭巾をかぶってすみやかに校庭に出る。

場所

静岡県
静岡市
竜南小学校

地域の防災は竜南小学校が中心

竜南小学校では毎年避難訓練を行っています。また、校内の活動だけではなく、地域の防災訓練の会場にもなっています。

校庭は地域の「避難地」に指定されていて、敷地内には市民のための防災倉庫が設置されています。災害が起こり、体育館に避難所を開くときに必要な防災用品も置かれています。小学校は市役所や地域の防災活動とも密接なつながりがあるのです。

ここが
ひなん地
静岡市
竜南小学校

竜南小学校に設置されている「ひなん地」の看板。

校舎内に 30 トンほどの水を貯めておける貯水タンクがある。災害のときは、飲み水やトイレに使用する。

災害に備え 自分たちを守る

　ふだんは防災頭巾を座布団として使っています。いすにとりつけてあるので、いざというときにはすぐにかぶることができます。災害時用の食品は学年ごとに備蓄していて、6年間保存できるものを入学時に備え、卒業時に持って帰るしくみです。

　避難訓練は、全校で年に2回行います。地震が起きた場合は、近くの机の下に入って身を守り、防災頭巾をかぶってすみやかに避難します。

上の写真は全校児童分の災害時用の食品。学年ごとに色分けして保管されている。箱の中身は、右の写真のような水とビスケット。アレルギーのある人は自分で用意した食料に名前を書いておく。

座布団から早変わりする防災頭巾。

避難訓練が 必要なのはなぜ？

　地震や災害は突然やってきます。いつ、どこで被害にあうかわかりません。だれでもはじめてのことはわからないものですが、ふだんから訓練しておけばあわてずに対応できるようになります。大切な命を守るために、訓練することが大事なのです。

　避難訓練では「おさない、はしらない、しゃべらない、もどらない」の"おはしも"を守って避難することを学び、くりかえし体験して身につけます。

全校児童の避難が完了したところ。教室の外にいた人は防災頭巾ではなく帽子をかぶっている。

　訓練だからと気を抜かず、近くの机の下に入るように心がけています。高学年になって、地震の怖さがわかり、訓練に積極的に取り組めるようになりました。もし、地震にあったら「おはしも」の約束を守って落ち着いて行動したいです。

竜南小学校6年生　中地花恵さん

日本赤十字社の応急手当講習会

5年生の特別授業で日本赤十字社の講習会が行われました。スーパーのレジ袋で骨折した腕をつる方法やハンカチでの止血、新聞紙でのスリッパのつくり方などを教わると、おどろきの声があがりました。身の回りにあるもので応急手当ができると知っていれば、いざというときに役に立ちますね。

災害で電話がつながらないときに伝言を録音できる「災害用伝言ダイヤル」の使い方も学びました。

ハンカチを三角巾がわりに使ったり、止血したり。実際にやってみるとなかなか難しい。

新聞紙を使ってスリッパをつくった。ガラスの破片などから足を保護することができる。

ふだん使っているものが応急手当に使えるとは思いませんでした。身近なもので人を救えることがよくわかりました。もし災害が起こったときは、自分が東日本大震災で経験したことも生かして、少しでも多くの人の助けになりたいと思います。

竜南小学校5年生　竹田旅人さん

防災倉庫の中を見てみよう

社会科で防災について学ぶ4年生が防災倉庫の見学をしました。ふだんは閉まっている倉庫の中には、災害時に使う大切なものがきちんとしまってあることがわかりました。

チェックリストで確認できるようになっているよ。

これが防災倉庫。中には何が入っているんだろう？

発電機やトイレ、たんかなど必要なものばかりだ。

地域の自主防災会と小学校のつながり

竜南小学校の学区には 11 の町内会があり、地域の活動がさかんに行われています。町内会の人々は通学路の見守りや交流会などで、児童とはふだんから顔を合わせています。

町内会にはそれぞれ自主防災会があります。この自主防災会が集まり、毎年 11 月に竜南小学校を会場にして、地区防災訓練を行っています。この日も中学生 150 人、小学生以下 50 人をふくむ 620 人が参加しました。

市役所の職員がスライドを使って災害のときの避難の流れを説明した。

炊き出し訓練ではお釜やハイゼックス（防災用炊飯袋）を使って米を炊き、おにぎりをつくった。

粉末の消火剤がわりに水の入った消火器で消火訓練。

防災訓練はまず市役所の職員の講習から始まりました。そのあとグループに分かれ、ゲームを通じて避難所の運営を考える、消防団員から応急手当を教えてもらう、4人一組でたんかに乗せた人を運ぶなど、さまざまな体験をしました。

救護所づくり訓練では、地域の医師と薬剤師が学校の保健室にある薬などについて説明し、人々は熱心に聞き入りました。

協力して組み立てたテントの救護所の前で、薬などの説明を聞く。

地震災害に備える

地震の発生は防げませんが、しっかりと備えることで、被害を小さくすることはできます。「自助」「共助」「公助」の役割を見てみましょう。

自助	自分の命は自分で守ること
共助	家族や学校、地域の人と力を合わせること「自分たちのまちは自分たちで守る」
公助	市区町村などの公的機関が災害への対策を立てたり、人々の活動を支援したりすること

ふだんからできる地震災害への備え

自助

家族で話し合う

家族が別々の場所にいるときに地震が起きたら、どのように行動するか、どうやって連絡をとりあうか、事前に話し合っておく。

備蓄品を用意する

地震災害が起こり、電気、ガス、水道が使えない、買い物ができないというとき、災害用の食料や水を備蓄しておくことで短期間であれば生活できる。

共助

地域の防災訓練に参加する →24ページ

訓練しておくと、いざというときに落ち着いて行動できる。また、住んでいる地域の避難所の場所や行き方を知ることができる。

地域の人とあいさつをする

ふだんから地域の人とあいさつをして顔見知りになっておくと、災害時に手伝いが必要な人がわかったり、情報を教えあったりできる。

公助

建物や設備の点検をする

市区町村では、古くて危険な建物はないか、防災設備に異常はないか、使用期限がすぎていないかを定期的に点検し、改善しておく。

地震のときの支援準備をする →8ページ

市区町村では、災害時の役割分担や手順を決めておく。災害時に必要となる道具や施設、食料の準備をして、使えるようにしておく。

地震が起こったときにできること・行うこと

自助 〜 自分の身を守る 〜

ゆれを感じたら、落下物の少ない、安全な場所へ移動する。外ではかばんや上着で頭を守る。くずれそうなものからはなれる。

自助 〜 正しい情報を得る 〜 →16ページ

ラジオやテレビ、インターネットなどの災害情報を確認し、正しい情報を得る。防災無線など地域の災害情報を得る方法を知っておく。

自助 〜 家で生活する 〜

家が無事なら、避難所に行かずに家で過ごす。電気、ガス、水道が使えない、買い物ができないという状況でも備蓄品を使って生活する。

共助 〜 助けが必要な人を手伝う 〜 →20ページ

まずは自分の安全を確保したうえで、まわりの状況を見て、助けが必要な人がいたら「何かできることはありますか」と声をかける。

共助 〜 避難所の活動に参加する 〜 →20ページ

家にいるのが危険なら、地域の避難所に行く。避難所では寝る場所をつくる、年下の子の相手をするなど、できることはすすんで行う。

公助 〜 救助や復旧の活動をする 〜 →8ページ

災害時は、消防、警察、自衛隊などが人命救助にあたる。その後は、市区町村、企業、ボランティアなどと協力して復旧作業を行う。

公助 〜 情報を発信する 〜 →8ページ

市区町村は、住民に対して、避難所の場所や注意が必要な気象情報を防災無線放送、メール、WEBサイトなどで発信する。

公助 〜 共助の支援をする 〜 →8ページ

市区町村は、避難所づくりや避難所の運営を手伝うボランティアの活動を支援する。企業による協力の受け入れも行う。

※「共助」を、医療、年金、介護など公的な制度によるものとし、ボランティアや住民同士の支え合いを「互助」と分けていう場合があります。

防災活動ワークシートの使い方

防災活動ワークシート

28〜29ページの「ふだんからできる地震災害への備え」「災害が起こったときにできること・行うこと」のうち、できたことにはチェックを入れましょう。ほかにもできることや、やったことを空欄に書きこみましょう。

≫ふだんからできる地震災害への備え

できたことに✓を入れましょう。

☐ 自助 家族で話し合う

☐ 自助 備蓄品を用意する

☐ 共助 地域の防災訓練に参加する

☐ 共助 地域の人とあいさつをする

家族で話し合ったこと

・学校にいるときに地震が起きたら、お父さんかお母さんがむかえに来るまで学校にいることを確認した。

・家から一番近い避難場所は、あかつき公園だと確認した。

・避難するときは、行き先を紙に書いて、ドアにはってから家を出るルールにした。

・電話がつながらないときは、災害用伝言ダイヤル171を使うことにした。

28ページの「ふだんからできる地震災害への備え」を見て、できた項目にチェックを入れよう。

上の項目でしたことのまとめや、そのほかに「地震災害への備え」のためにしたことを書いてみよう。

防災活動への取り組みを確認するために、裏表紙の裏側にある「防災活動ワークシート」を使ってみましょう。28〜29ページの「ふだんからできる地震災害への備え」「災害が起こったときにできること・行うこと」のうち、できたこと、理解できたことにチェックを入れましょう。ほかにもできることや、調べたことを空欄に書きこんでみましょう。

このQRコードを読み取ってWEBサイトに行くと、「防災活動ワークシート」がダウンロードできます。

https://www.kosaidoakatsuki.jp/archives/booktype/ehon-shop-library-school

記入日				学校名			名前	
	年	月	日			年		組

記入した日と学校名、学年、クラス、名前を書こう。

≫地震が起こったときにできること・行うこと

学習して理解できたことに✓を入れましょう。

☐ 自助 自分の身を守る

☐ 自助 正しい情報を得る

☐ 自助 家で生活する

☐ 共助 助けが必要な人を手伝う

☐ 共助 避難所の活動に参加する

29ページの「地震が起こったときにできること・行うこと」を見て、学習して理解できた項目にチェックを入れよう。

【調べたこと】地域に住むあかつきさんに東日本大震災のときの話を聞いた

・あかつきさんが震災にあったときは小学生だった。

・学校にいたので、防災頭巾をかぶって校庭に避難した。

・家に帰ってからは、となりの家のおばあさんのようすを確認した。

・地震で床に落ちたものや、こわれたところがないか、家族で点検した。

・停電してしまったので、夜は懐中電灯を使ったが、電池の予備があまりなかったので心配になってしまった。

「実際に地震災害が起こったときのようす」について調べたことなどを書いてみよう。

災害で家が無事だったものの、電気、ガス、水道が使えなくなったとき、どんなものがあれば生活できるでしょうか。また、避難するときには、どんなものが必要になるでしょうか。

家で過ごすために必要なもの

地震によってまちが被害を受けると、商店が開けなかったり、物流が止まったりして、買い物ができなくなります。そのような状況に備えて、3日分の食料や水をたくわえておきましょう。また、トイレはとても重要です。非常用のトイレについて知っておきましょう。

≫水

飲料水

飲料水は「ひとり1日3リットル」を3日分は用意しておく（1週間分あると安心）。

風呂の残り湯

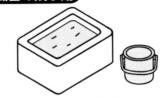

風呂の残り湯は、手や顔を洗うときや、洗濯などに使えるのでためておく。

ポリタンク

給水車・給水所から水を運ぶときのためにポリタンクや台車を用意しておく。

≫食品

※賞味期限に注意し、食べたら買い足す「ローリングストック」を心がけてください。また、カセットコンロがあると、電気やガスが使えないときに有効です。

そのまま食べられるもの

乾パン、ビスケット、缶詰、レトルト食品（そのまま食べられると表記のあるもの）、菓子、チーズ、ソーセージ。

水やお湯が必要なもの

カップめん、レトルト食品、フリーズドライ食品、粉末スープ。

調理が必要なもの

米（無洗米は節水になるのでよい）、乾めん（パスタやうどん）、もち（長期保存可能なもの）、乾物（高野豆腐や切り干し大根）。

≫トイレ

非常用トイレ

尿や便をすばやく固める非常用トイレが市販されている。

小便用
携帯ミニトイレ

組み立て式
簡易トイレ

便座にセットするトイレ

自作簡易トイレ

家にあるもので簡易トイレをつくることもできる。

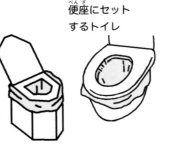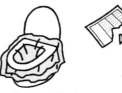

❶便座にごみ袋を二重にセットする。

❷ちぎった新聞紙、紙おむつなど吸水性のあるものを入れる。

❸用を足したら消臭剤（なければ柔軟剤）を入れて、ごみ袋を外してしばる。

避難するときの服装や持ちもの

避難するときは、動きやすくて燃えにくい服装で体を守ることが大切です。持ちものは最低限にとどめ、避難のさまたげにならないように注意しましょう。災害のときになってあわてて準備しなくてもすむように、ふだんから準備しておきましょう。

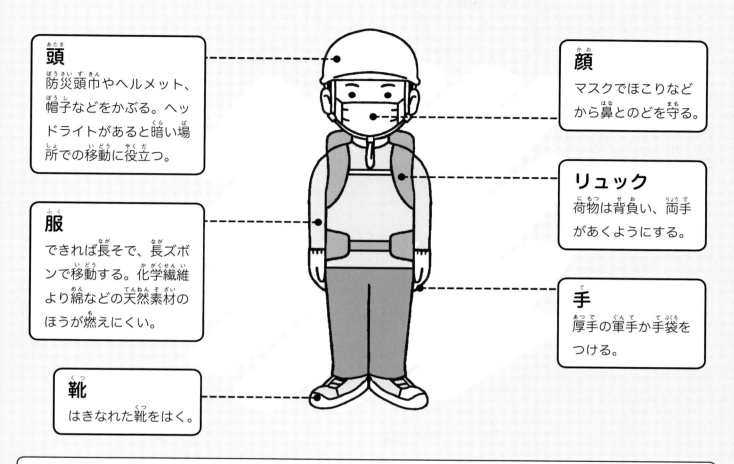

頭
防災頭巾やヘルメット、帽子などをかぶる。ヘッドライトがあると暗い場所での移動に役立つ。

服
できれば長そでで、長ズボンで移動する。化学繊維より綿などの天然素材のほうが燃えにくい。

靴
はきなれた靴をはく。

顔
マスクでほこりなどから鼻とのどを守る。

リュック
荷物は背負い、両手があくようにする。

手
厚手の軍手か手袋をつける。

≫持ち物

リュック（非常持ち出し袋）
登山用などじょうぶなものを選ぶ。中身は下に軽い物、上に重い物を入れると歩きやすい。重くなりすぎないよう、背負って確認する。

貴重品
お金のほか、保険証のコピー、避難カードなど、名前や連絡先がわかるもの。

携帯電話
家族と連絡を取り合うときに使う。充電器もいっしょに持つ。

ホイッスル
居場所や緊急事態を知らせるときにふく。

携帯ラジオ
大切な情報源となる。乾電池を使うもの、手回し充電できるもの、太陽電池で動くものなどさまざまな種類がある。

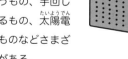

懐中電灯
暗い場所を照らすのに使用する。

食品
そのまま食べられるものを持ち出す。

水
重くなるので、持てるだけの量を持ち出す。

薬
毎日飲んでいる薬がある場合は忘れずに。

衣類
清潔を保つために、2、3日分の下着を入れる。

衛生用品
ウエットティッシュや歯ブラシ、生理用品など。

さくいん

監修　**片田敏孝**（かた だ としたか）　東京大学大学院情報学環特任教授　日本災害情報学会会長

内閣府中央防災会議「災害時の避難に関する専門調査会」委員

文部科学省「科学技術・学術審議会」専門委員

総務省消防庁「消防審議会」委員

国土交通省「水害ハザードマップ検討委員会」委員長

気象庁「気象業務の評価に関する懇談会」委員 などを歴任

主な著書

『人が死なない防災』（集英社新書）

『3.11 釜石からの教訓　命を守る教育』（PHP 研究所）

『子どもたちに「生き抜く力」を　～釜石の事例に学ぶ津波防災教育～』（フレーベル館）

『みんなを守るいのちの授業　～大つなみと釜石の子どもたち～』（NHK 出版）

企画・編集	オフィス 303（常松心平、中根会美）、石川実恵子
撮影	オフィス 303（水落直紀）
装丁・本文デザイン	倉科明敏（T. デザイン室）
執筆	山本美佳（p8 ～ 19、24 ～ 27）、石川実恵子（p20 ～ 23、32 ～ 33）
イラスト	山口正児
協力	静岡市、株式会社静岡新聞社・静岡放送株式会社、株式会社シティエフエム静岡、西豊田学区地域支え合い体制づくり実行委員会、静岡市立竜南小学校、竜南学区自主防災会

★掲載順、敬称略。

自然災害から人々を守る活動 1　地震災害
（しぜんさいがい から ひとびと を まもる かつどう　じしんさいがい）

▰▰▰▰▰▰▰▰▰▰▰▰▰▰▰▰▰▰▰▰▰▰▰▰▰▰▰▰▰▰▰▰▰

2020 年 3 月 30 日　第 1 刷発行

監　修	片田敏孝
発行所	廣済堂あかつき株式会社
	〒 176-0021 東京都練馬区貫井 4-1-11
	TEL 03-3825-9188（代表）　FAX 03-3825-9187
	https://www.kosaidoakatsuki.jp/
印刷・製本	株式会社廣済堂

© Kosaido Akatsuki 2020 Printed in Japan　NDC 369.3　36p　29×23cm　ISBN978-4-86702-023-4

▰▰▰▰▰▰▰▰▰▰▰▰▰▰▰▰▰▰▰▰▰▰▰▰▰▰▰▰▰▰▰▰▰